Le monde merveilleux des animaux en photos

LES POISSONS

Le monde merveilleux des animaux en photos

LES POISSONS

Piccolia

Recherche photographique : Kenneth Mc Cue

5, rue d'Alembert
91240 Saint-Michel-Sur-Orge
Dépôt légal : 3ème trimestre 2009
Loi n°49-956 du 16 juillet 1949 sur les publications
destinées à la jeunesse.
Imprimé à Singapour.

Qu'ils soient petits ou énormes, gris ou de couleurs vives, d'eau douce ou d'eau de mer, les poissons nous ont toujours fascinés.

Il en existe près de 28 500 espèces à travers le monde mais de nouvelles espèces sont encore découvertes de nos jours.

Le plus petit de tous les poissons est le gobie pygmée des Philippines dont la taille est de 1 cm environ : il n'est pas plus grand qu'une pièce de 1 euro ! Le plus gros est le requin-baleine. Il pèse 18 tonnes et mesure 15 m – autant qu'un énorme camion ! Malgré sa taille imposante, c'est un poisson pacifique qui se nourrit de petits animaux microscopiques : le plancton !

Ces diagrammes mouchetés vivent dans les mers chaudes coralliennes. Selon l'espèce, les poissons peuvent habiter les profondeurs froides des océans ou encore près de chez nous, dans les eaux douces des lacs, fleuves, rivières…

Il existe près de 350 espèces de requins, dont la plupart sont des prédateurs. Hormis leur ouïe et leur odorat très fins ils peuvent déceler leurs proies grâce aux contractions des muscles que ces dernières produisent !

Les requins sont dits cartilagineux car ils possèdent un squelette mou comme celui des raies. Cependant, plus de 27 500 espèces de poissons (comme ces truites arc-en-ciel) sont dits « poissons osseux » car ils ont une colonne vertébrale dure ainsi que des os fins et allongés nommés arêtes !

La plupart des poissons vivant dans les mers chaudes près de la surface de l'eau sont de couleurs vives alors que ceux qui habitent les profondeurs, là où il y a peu de lumière, ont des couleurs plus ternes.

Bon nombre de poissons sont pêchés pour le sport ou pour leur chair. Ceci dit, quelques espèces devenues rares sont relâchées lorsqu'elles sont attrapées par erreur !

Les poissons dits d'ornement sont élevés dans des aquariums. Cette pratique s'appelle l'aquariophilie.

Les carpes koï vivent dans les mares ou les étangs. Dès qu'on leur donne à manger, on les voit apparaître à la surface, toute bouche dehors, pour attraper la nourriture.

Le poisson-clown est le meilleur ami de l'anémone. Il s'abrite dans ses tentacules urticants pour se protéger des prédateurs et se nourrit de ses parasites, faisant ainsi le ménage pour elle !

Souvent, les poissons sont obligés de se protéger seuls : certains ont donc des armes ! Le poisson porc-épic, appelé aussi diodon, est couvert d'épines. Lorsqu'il se sent en danger, il avale une grande quantité d'eau et son corps devient une énorme boule pleine de piquants !

D'autres s'enfouissent dans le sable. Ainsi, ils sont invisibles pour leurs prédateurs mais aussi pour leurs proies qui passent près d'eux sans les voir !

Ce poisson crocodile n'a même pas besoin de se recouvrir de sable : son corps, ses yeux, sont de la même couleur que le fond marin. Il y reste immobile et attend patiemment qu'une proie passe près de lui. Alors, en une fraction de seconde, il se jette sur elle pour la dévorer !

Autre moyen de se protéger : voyager en banc (en groupe). Dès qu'il y a danger, il suffit qu'un poisson se sauve pour que le banc tout entier prenne la fuite.

Le barracuda est un poisson très agressif et carnassier. Adulte, il vit seul et chasse en fonçant à toute vitesse sur ses proies. Mais, les jeunes se déplacent en banc, augmentant ainsi leur chance de survie : ils peuvent se protéger les uns les autres et attraper leurs proies plus facilement. Ne dit-on pas que l'union fait la force ?

Le poisson respire grâce à des branchies. L'eau est absorbée par la bouche puis expulsée par les branchies qui filtrent et retiennent l'oxygène dans le corps du poisson.

La plupart des poissons ont de gros yeux ronds sans paupières. Mais certaines espèces des abysses, là où l'obscurité est totale, n'ont pas d'yeux car cela ne leur sert à rien !

Il existe de nombreuses variétés de mérous. Certains peuvent atteindre plus de 3 m pour un poids de 340 kg alors que d'autres ne mesurent que 10 cm !

Le poisson ange amiral vit dans les récifs de coraux. Celui-ci est adulte car les jeunes ont un aspect tout à fait différent : ils sont rayés de noir et de bleu, sans ces couleurs particulières sur la tête !

Ces poissons sont bien différents et pourtant, ils ont deux choses en commun : leurs rayures et leur lieu de vie. En effet, on sait qu'ils habitent les mers chaudes grâce à leurs couleurs vives !

À la place des
rayures, certains
poissons ont des
points blancs
ou colorés !

Ce mérou minium vit dans les récifs coralliens. Quand il est inquiet ou a très peur, la couleur rouge de son corps pâlit. Il réagit un peu comme nous lors d'une grande frayeur, quand notre peau devient très blanche.

Dans les mers chaudes, les poissons sont très colorés mais ils ont aussi parfois des formes ou des nageoires originales…

… voire exubérantes, comme cette rascasse volante (à gauche) qui semble couverte de drapeaux !

Certains poissons sont de couleurs éclatantes ce qui leur permet de trouver un partenaire pour se reproduire ou d'impressionner leurs rivaux voire leurs prédateurs.

Ces poissons sont facilement repérables mais leur couleur jaune électrique prévient tout animal qui souhaiterait en faire son repas : « Attention ! Je ne suis pas bon à manger ! »

La lumière du
soleil se reflète
sur les écailles
luminescentes
de ces poissons,
les faisant scintiller
dans l'eau.

Selon les espèces, les poissons peuvent être très différents. Certains ont des yeux énormes, d'autres une bouche en forme de tube ou une grosse bosse comme s'ils avaient pris un coup sur la tête !

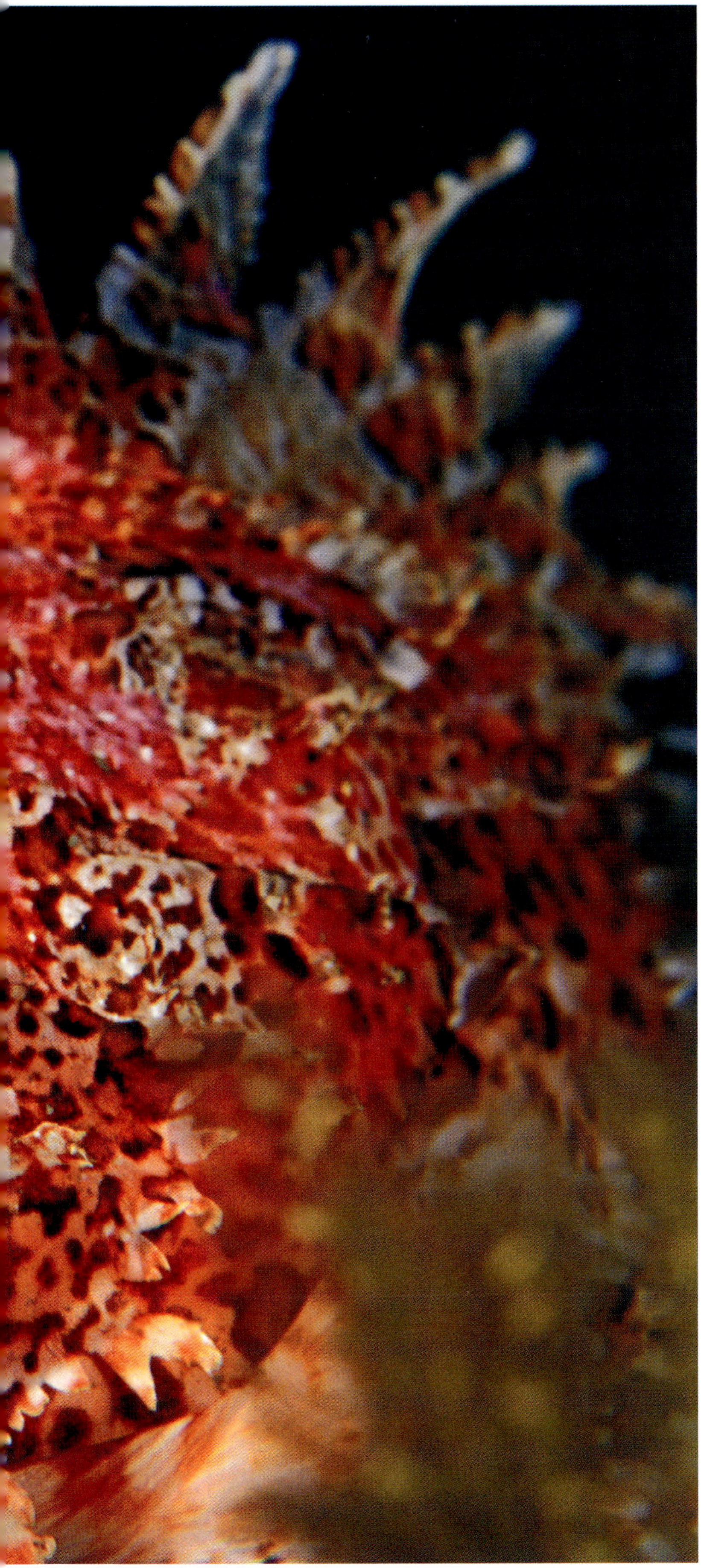

Le fond sous-marin est un monde passionnant, habité d'étranges créatures que nous, les hommes, aimons observer en plongée. Mais, il peut être aussi très dangereux car les poissons n'aiment pas être dérangés. Par exemple, lorsque cette rascasse tachetée se sent agressée, elle hérisse rapidement les épines qu'elle a sur le dos et alors... attention aux piqûres car elles sont très douloureuses !

Poisson ange royal

Cichla ocellaris
ou peacock bass

Gobie Cryptocentrus
leptocephalus

Oranda shishigashira
ou tête de lion
hollandais

Queue de voile

Grande vive

Vivaneau chien rouge

Poisson-perroquet
rouge ou bloody
parrot

Poisson crocodile

Diagrammes
mouchetés

Carpes koï
monochromes

Lutjanus rufolineatus

Requin-marteau

Carpe koï cuir doré

Gros yeux commun

Requin longimane
ou océanique et
poissons-pilotes

Carpe koï blanche

Chirurgien bagnard

Requin-tigre

Poisson-clown

Jeunes barracudas

Truite arc-en-ciel

Poisson-clown
à trois bandes

Poisson-écureuil à
grandes mâchoires

Carangues bleues

Diodon ou
poisson porc-épic

Silure de verre

Barbier à queue
de lyre

Gobie des sables

Napoléon

Poisson-globe à taches blanches

Discus brun

Mérou papate

Napoléon

Mérou brun

Poisson ange à tête bleue

Poisson cocher

Chirurgien rayé

Poisson ange duc

Baliste clown

Mérou

Poisson ballon pintade

Mérou minium

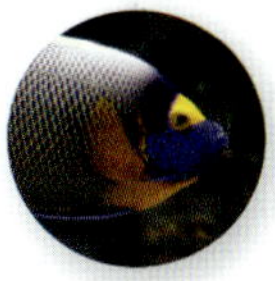
Poisson ange à tête bleue

Poisson cardinal de Banggai

Discus royal rouge

Rascasse volante ou poisson lion

Chirurgien voilier

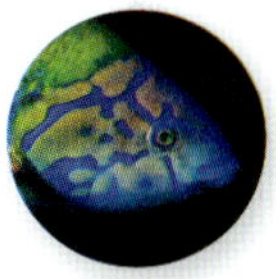
Girelle paon

Chirurgien jaune

Chétodon à masque

Discus

Poisson ange royal

Baliste picasso

Poisson vache

Citrinellum

Poisson vache

Rascasse tachetée

Chirurgien à œil jaune ou *Ctenochaetus strigosus*

REMERCIEMENTS :

Pour l'élaboration de cet ouvrage, nous tenions à remercier Lucie Parker, Phil Paulick, et Heather Stewart.

CRÉDITS PHOTOGRAPHIQUES :

Légende :
t : haut ; b : bas ; DT : Dreamstime ;
iSP : iStockhoto ; SST : Shutterstock.

Couverture SST; 2 SST; 5 SST; 6 SST; 8 SST; 10t ; DT, b iSP; 11 SST, b iSP; 12 SST; 14 DT; 15 ; DT; 16 SST; 18 SST; 19 DT; 20t iSP, b DT; 21 SST; 22 SST; 23 iSP; 24 iSP; 26 iSP; 27t DT, b DT; 28 SST; 30 SST; 31t iSP, b DT; 32 iSP; 34 SST; 35 DT; 36t SST, b DT; 37 SST; 38t DT, b DT; 39 SST; 40 iSP; 42t DT, b iSP; 43 DT; 44 DT; 45t iSP, b iSP; 46 iSP; 48t iSP, b SST; 49 iSP; 50 SST; 51 iSP; 52 iSP; 54 DT; 55 SST; 56 SST; 57t iSP, b DT; 58t DT, b iSP; 59 DT; 60 iSP; 64 SST